U0789336

貢舉表

邑人劉勑撰

我朝罷薦辟之典以數行墨羅天下士三年一比踞鹿鳴之席者曰舉人計偕上春官後售曰進士餼廪深而阨於數奇者歲薦一人曰歲貢此國家用人之大較也懷瑾握瑜之士舍此無以起家故宿師老儒沉淪丘壑者比比也月令以季春聘賢者則玄纁之制不可不亟行焉

科目

洪武丁卯科

仇友　戶部員外郎

謝允　泗水縣訓導

庚午科

張志　刑部員外郎

徐敏　順天府訓導

癸酉科

錢盧　秦府伴讀

秦琰　刑部侍郎

張時中　直隸真定府知府

郭英　陝西道御史

丙子科

張本　河南滎陽縣知縣

黄賢　寧府紀善

韓巹　直隸内黄縣知縣

陳俊　河南懐慶府訓導

己卯科

武斌　庚辰進士任員外郎

楊煥　辛未進士任户科給事中

艾福　福建建寧衛經歷

張子善　陝西鳳翔府檢校

壬午科

竇信　四川道御史

黄文　陝西階州訓導

黄昭　直隸淮安府通判

永樂乙酉科

侯儀　甲申進士任知縣

張文郁　山西太原府知府
沈俊　光祿寺署丞
耿信　陝西慶陽府知府
李燚　陝西秦州同知
張東　戶科給事中
牛恭　鴻臚寺鳴贊
金義　光祿寺署丞
黄榮　韓府長史
焦錤　遼東自在州知州

戊子科

張俊　通政司叅議
科義　陝西平凉府知府

辛卯科

傅弼　河南南陽府知府
王璡　山西曲沃縣教諭
李壽　山西臨汾縣知縣
張獻　光祿寺署丞
劉翥　陝西慶陽府推官

趙紳　江西叅政

穏顒　山西渾源州知州

甲午科

尹宏　旻之父福建泉州府知府

韓聰　直隸燕山衛經歷

吳信　直隸保定衛經歷

侍立　户部主事

胡寧　山西澤州同知

苗興　河南太康縣知縣

楊春　山西平陽府推官

程稷

李厚　直隸華亭縣知縣

李福　直隸沛縣教諭

楊清

李源　山西安邑縣知縣

丁酉科

楊宏　浙江金華府庫大使

孟訒

張貫　直隸寧國府推官

黄升　遼東廣寧衛經歷

劉斌　直隸慶雲縣知縣

姚真　鴻臚寺鳴贊

庚子科

時利　刑部主事

竇暹　南京刑部主事

癸卯科

張勇　國子監學正

封衔　河南胙城縣教諭

薛理　甲辰進士任戶科給事中陞知府有氣節見名臣傳

張鑑　直隸清苑縣主簿

李春　雲南蒙化府通判

徐畋　山西沁源縣知縣

李漢　南京羽林衛經歷

郭玫　直隸平山縣教諭

祖斌

王　允　乙丑進士山西布政有孝行見名臣傳

張　鸞　湖廣長沙府通判

甲子科

鄒　儀　四川重慶府教授

李　信　代府教授

趙　恭　直隸安肅縣教諭

王　福　山西興縣知縣

丁卯科

尹　旻　宏之子第一名中戊辰進士官至吏部尚書特進光祿大夫少保柱國謚恭簡見名臣傳

薛　昌　雲南臨安府知府

景泰庚午科

史　蘭　第一名甲戌進士山御史陞知府

李　森　丁丑進士給事中

賈　恕　河南封丘縣知縣

癸酉科

李　衍　甲戌進士

張　相　勇之子

盧　獻　直隸宿州知州

羅　脩　丁丑進士戸部郎中

丙子科

周　溥　第一名直隸元氏縣知縣

鄒　襄　丙戌進士南京兵部郎中

天順己卯科

高　輔　福建運使

韓　相　璁之子直隸棗強縣知縣

邢思義　讓之子

邊　寧　應天府治中

楊　璽　直隸太平府通判

壬午科

崔　森　鐸之孫第二名

孫　瑜　直隸太平府通判

董　璽　直隸山陽縣知縣

成化乙酉科

朱　冔　直隸徐州知州

王倫　直隸真定府同知
王凱　直隸深澤縣知縣
戊子科
劉瓛　第一名己丑進士歷官都御史見名臣
傳
尹龍　旻之子己丑進士翰林侍讀學士
劉現　瓛之弟知縣
柴鵬　河南衛輝府通判
薛讓

辛卯科
王勑　第二名甲辰會試探花及第後督學兩
河陞國子監祭酒有卹銜見名臣傳
蘇泰　戊戌進士歷任副使
劉玧　謙之子
王範　戶部主事
張礪　瓛之孫乙未進士歷右都御史有氣節
見名臣傳
張鑑　辛丑進士主事

徐敬　山西汾州知州

李綸　壽之子直隷隆慶州知州

趙璧　戊戌進士歷任陜西僉事有氣節見名

臣傳

甲午科

周格　河南孟津縣教諭

陸祺　山西沁源縣教諭

林峴　河南胙城縣知縣

李懋　順天府教授

丁酉科

許嗣榮

翟茂　浙江温州府通判

李鏜　岐府長史

庚子科

殷畯　以孫士儋貴累贈尚書大學士

蔡玘　直隷博野縣知縣

張善　甲辰進士湖廣条議

王琮　直隷清豐縣知縣

丙午科

王昌齡　第二名

周　𨗴　溥之子己未進士平陽府知府

李　澤　山西忻州知州

邊　節　寧之子山西代州知州

張良弼　進之子癸丑進士戶科給事中歷寅湖

廣參政

弘治己酉科

李宗舜　信之子河南榮陽縣訓導

陳　謨　庚戌進士主事

盧　珪

楊　俊

壬子科

周　程　溥之子導之兄第二名直隸寶坻縣知

縣

周　秀　溥之子導之弟第五名河南懷慶府同

知

羅　璋　脩之子丙辰進士河南道御史

劉　緒　璟之子直隸高邑縣知縣

徐　選　壬戌進士歷官山西副使

乙卯科

趙　曆　山西介休縣知縣

張　齊　爵之子金華府同知

邊　貢　寧之孫節之子丙辰進士南京戶部尚書有詩名見名臣傳

戊午科

董　昌　直隸揚州府通判

姚　卿　山西霍州學正

張　鑾　直隸行唐縣知縣

畢　鐸　直隸滑縣訓導

辛酉科

賈　唆　直隸貴池縣知縣

秦　鉞　山西嵐縣知縣

趙　隆　山西霍州知州

甲子科

岳　巍　山西渾源州知州

李宗文　直隸南宮縣知縣

祝　壽　戊辰進士雲南布政

正德丁卯科

劉天民　璟之孫緒之子四川副使見詩人傳

鄒以定　襲之子以成兄懷慶府教授

庚午科

王　詔　河南開封府同知

李良翰　河南永寧縣知縣

癸酉科

胡　鏜　第二名武學教授

靳廷賓　陝西渭南縣知縣

鄒以大　襲之子以定弟山西文水縣知縣

魏　洽

朱　軻　直隸樂亭縣知縣

張　玩　甲戌進士太僕寺少卿

陸　俊　直隸隆平縣知縣

劉承恩　甲戌進士

谷繼宗　丙戌進士直隸宜興縣知縣見詩人傳

趙秉祝　陝西寧州知州

丙子科

趙　瑛　丁丑進士周府長史

王至善　丁丑進士浙江參政

陳　明　癸未進士浙江僉事

己卯科

劉汝松　癸未進士任陝西漢中府知府見詩人傳

錢世資　公溥子贊皇縣知縣

劉　煥

蘇民慶　南京刑部員外

劉宗仁

江　濬　山西道御史陞陝西副使

嘉靖壬午科

曹　倬　山西平遥縣知縣

閻在邦　紀之子隨州知州

湯　霳　吳橋縣知縣

乙酉科

曹　卿　第二名直隸河間府通判

李　瞻

陳　輞　丙戌進士陝西臨洮府知府殲虎除妖

大有異政見名臣傳

馬應奎　山西應州知州

賈應祥　晙之子

范　瑟　壬辰進士由翰林編脩陞陝西副使有

詩集見詩人傳

周居岐　尚忠之子河南葉縣知縣乞休歸建白

鶴書院於澤畔有關士之功故後以孫少司農

名繼者貴則天之報施善人也

戊子科

董三餘　政之曾孫璽之孫

辛卯科

金　城　昺之玄孫佩之子戊戌進士江西道御

史陞蘇州府知府能詩見文苑考

魏希佐　乙未進士山西潞安府推官

薛　松　梅之弟棹之兄

甲午科

趙繼本　乙未進士授翰林庶吉士改御史督學北畿有氣節見名臣傳

周居魯　尚忠之子居岐之弟以歲貢中順天亞魁直隸元氏縣知縣

丁酉科

徐承祖　第一名進之孫甲辰進士直隸元氏縣知縣

崔世用　河南懷慶府推官

錢　穀　世資之子

齊　忠　山西安邑縣知縣

庚子科

李攀龍　第二名甲辰進士河南按察使有滄濵集世爭寶之祀於鄉見名臣傳

殷士儋　第五名峻之孫丁未進士歷官少保禮部尚書武英殿大學士贈太保謚文莊所著有金輿山房集明農軒樂府燚鑒錄二千文見文苑考祀於鄉見名臣傳

洪　遇　甲辰進士陝西西安府知府

張汝能　山西渾源州知州

癸卯科

許邦才　第一名周府長史授四品服俸所著有
瞻泰樓集海右倡和集梁園集見文苑考

魏宗芳　任河南歸德府同知

薛　樟　樗松之弟甲辰進士廣東道御史

陶　棟　相之弟河南羅山縣知縣

潘子雨　甘肅行太僕寺少卿善詩有家存稿

張　嵐　甲辰進士山西參議有孝行屢舉鄉賢

未果

郭　寧　淮府長史

丙午科

張丶亐　第五名直隸淮安府通判有詩集見文
苑考

巳酉科

耿尚文　信之曾孫直隸蠡縣知縣

潘子霓　子雨弟癸丑進士戶部員外郎

趙　鏔　璧之孫
崔元吉　森之孫宿遷縣知縣民德之有生祠
張存智　瑄之孫戶部郎中
壬子科
楊崇儒
高自畢　直隸邳州知州
劉宗岱　昜之子巳未進士陜西副使
乙卯科
陳九疇　第二名丁丑進士山西副使有篤行見

名臣傳祀於鄉
任登瀛　河東運副有詩才
劉伯縉　伯綬兄戊辰進士山西副使有清操
李魚化　直隸威縣知縣
戊午科
張中鵠　伯醇之子河南歸德府通判
韓應元　乙丑進士山西叅議祀於鄉
周　繼　尚忠曾孫居岐之孫乙丑進士南京戶
部侍郎著書若干卷見文苑考

劉宗禹　山西沁州知州

辛酉科

鄭傑　乙丑進士直隸吳江縣知縣

孟蔚　雲南僉事爲人滑稽善攝生壽九十而

卒

劉鉞　陝西漢中府通判有詩集二卷

洪一謨　遇之子由御史陞湖廣僉事

甲子科

于鯨　戊辰進士河南道御史陞太僕少卿

趙世卿　辛未進士歷任戶部尚書贈太子少保

大有清操所著司農奏議見名臣傳祀於鄉

陳可大　乙丑進士工部郎中

隆慶丁卯科

李淑性　應和之子

張正棠　四川成都府通判

庚午科

王見賓　甲戌進士歷任僉都御史能詩文督倉

大有功績見名臣傳祀於鄉

張　志　嵐之子丁丑進士翰林庶吉士官至湖
廣參政
宋應奎　河南沈丘縣知縣
萬曆癸酉科
周　璧　直隸玉田縣知縣有清操
劉承培　煥之子
陳載春　九疇之子庚辰進士歷官憲副天性醇
謹所莅皆有政蹟且有難進易退之節家居閉
戶謝客不通關節書大有父風者年八袠有奇

平生不講養生之術而能矯徤如此亦其積德
之報云
于達真　甲戌會試丁丑廷試陝西參政
光　廬　河南太康縣知縣有詩名所著東山存
稿見文苑考
丙子科
耿　熠　尚文之子直隸廣平府同知
賈希夷　丁丑進士由御史陞河南副使
劉伯綬　伯縉之弟雲南楚雄府知府性剛方大

有正氣

黄應乾　質七世孫湖廣蘄州知州

劉　濟　曹縣教諭

李淑身　應和之子淑性弟河南鞏縣知縣

巳卯科

董元學　策之孫庚辰進士陜西布政為人醇謹

寡交遊亦篤行君子惜弗嗣

劉　栜　字君授弱冠授賢書十二上不第授陜

西富平縣知縣未一載即賦歸母故居廬屡薦

不出雅好辭賦著書數十種以忠孝二經註解

進呈奉

旨收覽命禮部頒布天下長者標其門曰真儒名世

闔學矜優疏其行詩文見文苑志

壬午科

趙肄塾　繼本孫克塾弟第七名先任嵩嵐後任

武崗皆以廬歸竟思親而卒孝行可嘉

張　情　鑾之玄孫雲南巨津州知州

郝脩平　河南淇縣知縣

陳大務　陝西延安府同知五馬之第無一椽可
支風雨清風可以儀世
王一登
劉　遷　河南衛輝府知府多詩文見文苑
彭　潤　山西蒲縣知縣
佘　晉
趙延璽　直隸景州知州
張邦基　汝椿之孫瑋之子任湖廣保康縣知縣
有咏歷下八景詩見文苑

戊子科
穆　深　遠之兄中壬辰進士任吏部員外郎有
清風異節見名臣傳祀於鄉
袁夢庚　霑之子任直隸晉州知州有篤行舉鄉
賢未果
田秋實　遼東自在州知州
張九疇
陶嘉璋　己丑進士任河南副使
辛卯科

陳　宁　大本子第二名壬辰進士陝西副使

穆　逵　深之弟直隸元城縣知縣傳洽君子

丁酉科

馬繼顯　河南陳留縣知縣

張九重　改名九賢癸丑進士刑部主事以詿誤

快快而卒

邢　善

殷象賢　文莊公從孫直隸霍山縣知縣

庚子科

陳　楹　直隸平山縣知縣

陳宁　大本子第二名壬辰進士陝西副使

劉亮采　璟之孫緒之曾孫天民之孫第八名

壬辰進士戶部主事從枝楚欽脩歷乘而未達

亦歷于大人

吳聞詩　中戊戌進士直隸天長縣知縣敘酒[illegible]

[illegible]快而李

祁　晉

顧秉賢　文進公孫直隸完山縣知縣

沈子　祥

陳檤　直隸平山縣知縣

孫純孝　止孝兄

癸卯科

汪三益　丁未進士任行人

孫止孝　純孝弟中壬戌會魁容雲道叅議

張士英　山西徐溝縣知縣

丙午科

王啓亨　元復子第二名

姜應科　陝西郃陽縣知縣

閻萬鎰　溥之玄孫導之曾孫丁未進士四川道

御史

壬子科

方守地　癸丑進士四川叅政能詩文

馬從龍

乙卯科

米嘉珠

劉汝通

賈槐　希夷子

戊午科

陳　宁　大本子第二名壬辰進士陝西副使

劉亮釆　璟之玄孫緒之曾孫天民之孫第六名

壬辰進士戶部主事多技藝欲脩歷乘而未逮

亦歷下才人

吳聞詩　中戊戌進士直隸天長縣知縣飲酒賦

詩能辦吏事以勞瘁而卒祀於鄉

黄應貞　貿七世孫應乾弟山西滎河縣知縣

甲午科

張蒙正　直隸保定府同知

穆　遠　深之弟直隸元城縣知縣傳洽君子

丁酉科

馬繼顯　河南陳留縣知縣

張九重　改名九賢癸丑進士刑部主事以詿誤休

怏怏而卒

邢　善

殷象賢　文莊公從孫直隸霍山縣知縣

庚子科

陳　楹　直隸平山縣知縣

張元俊　鑾五世孫乙丑進士曲沃縣知縣

天啓辛酉科

曹顯光　倈之孫

甲子科

趙天開　璿之玄孫繼本孫肄塾從弟

徐禪吉

張元英　情之子元俊從弟

董威如　元學嗣子

馬鳴宙　維驥猶子

丁卯科

吳斗光

劉化光　伯綬子

趙標名

葉承宗

崇禎庚午科

胡顯宗

劉漢儀　化光子

癸酉科

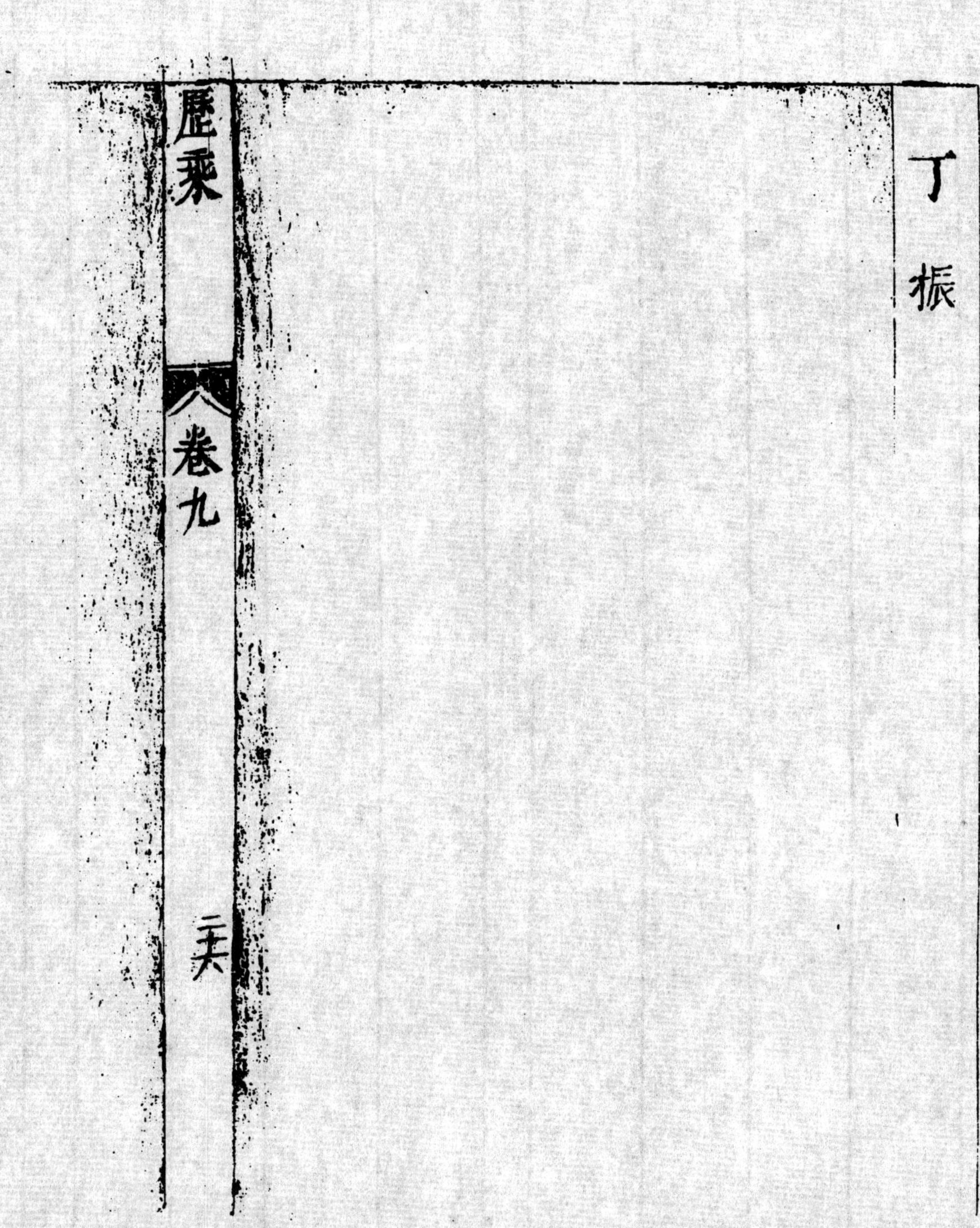

丁振

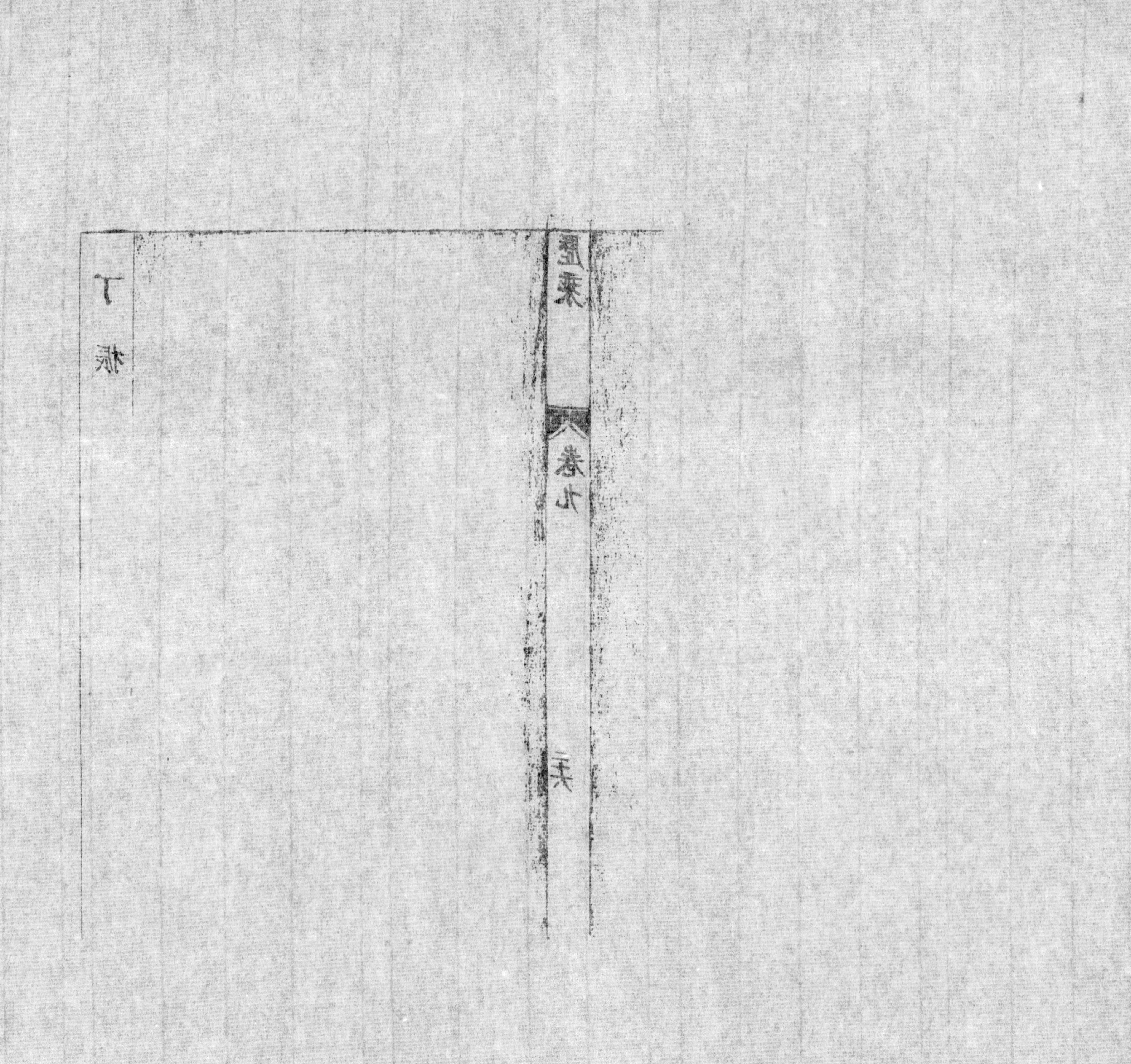

歲貢

洪武年

朱牧　天長縣主簿

尹廸　大興縣主簿

李覲　洛陽縣知縣

劉郁　盧化縣知縣

李敬　靈石縣知縣

楊政　春坊清紀郎

趙庶瞻　汾州知州

楊勉　吉安府通判

永樂年

趙謙　臨洮府同知

曹欒　安樂州判官

李卤

李焕　紹興府知府

張欽

許信　江陰縣主簿

趙祚

歲貢

洪武年

朱　敏　天長縣主簿

尹　迪　大興縣主簿

李　覬　濟陽縣知縣

劉　琳　通化縣知縣

李　敬　靈石縣知縣

楊　成　春坊清紀郎

趙　廉　汾州知州

楊　勉　吉安府通判

永樂年

趙　謙　歸德府同知

曹　欒　安樂州判官

李　南

李　鎔　紹興府知府

張　鉞

許　信　江陵縣主簿

趙　祥

宋綦　鳳翔府知事
程翔
王榮　岢嵐衛經歷
董盈　兵馬指揮
宣德年
楊亨　河南縣知縣
薛凱　嶧縣知縣
邢忠　昌黎縣縣丞
金鼎　珮之曾祖城之高祖南京戶部主事

係府庠
鄧宗漢　昌平縣縣丞
王安　桃源縣縣丞
正統年
劉振　靈丘王府教授
姒芳　泉縣知縣
趙冲　太谷縣縣丞
許杲　溫州府通判
趙璠　繼本之祖河東運司同知

沈俊　光祿寺署丞
吳信　太谷縣縣丞
張洪　蘭州衛經歷
張志　潞州判官
李幹　通政司經歷
劉殷　遼府典簿
李魯　延安府照磨
董政　武安縣縣丞

景泰年

劉經　南陽縣知縣
聶通　桐城縣主簿
周紀　武安縣知縣

天順年

范禎　新野縣知縣
張倫　儀封縣縣丞
李友　陽武縣縣丞
李瑊　肅縣縣丞
耿恕　新鄭縣縣丞係府庠

劉鐸 新穎縣縣丞

劉環 天民之祖

趙縉 苕溪驛驛丞

胡秀

張進 良弼父灤州判官

成化年

尹禎 河南縣知縣

單貴 肥鄉縣縣丞

劉隆 蘭溪大使

尹裕

江深 固始縣訓導

江清 永城縣訓導

蕭敬 皇陵衛經歷

陳能 固始縣訓導

蔡珉 元始縣訓導

李麟 曲沃縣訓導

于弘 吳江縣縣丞

張昱 汲縣訓導

弘治年

蕭　起

張　綱　壽州學正

張汝椿　彝之子德府教授

李　能

張　瑄　存智之祖

胥　幹

崔　朴　獻縣教諭

楊　紳　清河縣教諭

賈　讓

董　駿　策之祖芮城縣教諭

張　璉　交城縣訓導

正德年

鄭　瓚　保安州訓導

許　振　鳳翔府訓導

莊　顒　武弘縣訓導

金　珮　城之父係府庠以子貴贈御史

李　琮　臨漳縣訓導

闞紀　在邦父桃源縣主簿係府庠

李傅　永城縣訓導

劉鼎　鄭州學正

林訥　徽府審理

錢公溥　世資父中牟縣訓導係府庠

謝欽　武進縣知縣

鄒以成　襲之子以定之弟

嘉靖年

張鴻

王寵　鞏昌府推官係府庠

徐旻

王廷偉　昌齡子濟州衛教授係府庠

白瑞

趙仲篪　義寧王府教授

韓宗旻　鄢陵縣訓導

朱鼎

周尚忠　居岐居魯之父萊縣訓導

盧政

張鏜 泗水縣教諭係府庠

盧昱 鳳陽府訓導

杜孟芳 臨晉縣縣丞

薛梅 松樟之子

董策 駿之子天澤父元學祖係府庠

張爵 茂名縣知縣

來鳳 介社縣教諭

董天澤 策之子任潞府教授係府庠

劉欽 魏氏縣訓導

張大化 山海衛教授係府庠

崔岱 行陽縣訓導

陶相 棟之兄元武縣知縣

姚存仁 遷安縣訓導

李應和 淑身淑性父柘城縣知縣

曹濟文 雞澤縣訓導

張晥 齊之孫教授

趙應奎

袁霖 夢庚父泰府教授係府庠欽于鄉

艾濟

賈濟世

張伯醇　中鵠父

隆慶年

丁舜卿　廣平府訓導係府庠

李元亨

張暐　汝椿子係府庠恩貢邦基之父

呂文蘭　係府庠

王墀　廷偉子元復父

徐來朝　曹縣訓導

萬曆年

許復　邦才子雞澤縣知縣係府庠

曾國泰　金州衛訓導

李駒　攀龍之子亦名士惜不祿係府庠

李慶元

張問行　泗水縣訓導係府庠

范廷彥

孫鵬程　知縣係府庠

馬　班　係府庠

潘子震　子雨弟子霓兄任莘縣訓導有詩刻

劉　晉　係府庠莘之兄

楊承恩　平陽府通判居官清甚致仕後飲於鄉

李華春　係府庠

趙元懿　馬邑縣教諭係府庠

張幼學　高唐州訓導亨之子

劉　遂　鐵嶺衛教授係府庠

張丕烈　恩選係府庠

王　瑾　汾州府訓導

劉尚德　潞城縣縣丞

董　光　天澤子聊城縣能詩

岳邦鎮　城武縣教諭

馬一乾　青州府教授能詩

王元復　埠之子啓亨之父任寧山縣教諭係府庠

陳大本　宁之父庠有篤行飲於鄉

張　念　嵐之子志之兄黄縣教諭係府庠

李應麟　係府庠
党正　磁州判官
栁汝棟　蓬萊縣訓導係府庠
畢用　即墨縣訓導
張程　善之子益陽王府教授係府庠
朱邦才
王道成　萊州府教授係府庠
王道平　青州府教授
趙克塾　繼本之孫肄塾之兄係府庠能詩文有

孝芝亭見文苑
陳陛　宁之從兄郯城縣教諭係府庠
孟開東
周學孔　臨清州訓導係府庠
曹學禮　東平州學正
趙宗孟　元懿弟係府庠
趙登　臨清州訓導
時遂
張康時

劉　華　晉之弟壽張縣訓導飲於鄉

劉　徽　勅之弟邳州知州係府庠有篤行宰樂亭亦有治績飲於鄉

張維屏　滕縣訓導

張夢兆　昌樂教諭素能業翰摛詞以居廬歸章不仕有隱君子之風

王弘化

張鳳羽　武城縣訓導係府庠

馮東皐　青州府訓導

孫　翹　係府庠

傅自新　曹縣教諭

泰昌年

孫鴻翔　福州府通判係府庠恩選

賈嗣照　希夷之孫恩選能詩文有和陳方伯落花詩稿

天啓年

史臣贊　沂州知州係府庠恩選

王德璋　見賓孫恩選彰明縣知縣

孫承業　東阿縣教諭

張允文　金鄉縣訓導

陳　彦　輞之孫東平州學正係府庠有清齋[illegible]

　咏二冊

趙惟琴　係府庠

劉　遜　鄆城縣訓導

劉三樂　昌樂縣教諭

趙　議　舞陽縣訓導

徐有為　莒州訓導係府庠

李　和　係府庠

崇禎年

張　經　程之孫恩選有才名著四子亦説仁義

　辨世競傳之

陳　棟　九疇之孫武城縣訓導係府庠

黄邦屏

馬　駿　係府庠

吳從周

謝孔傳

論曰國家三途取士獨進士爲人所豔重故唐薛元超以不第爲恨穆叔言三立皆以人限也自國初來登進士科而聲施當世者固不可屈指數至貢舉前茅後勁功業烜赫者亦相望也自古耕莘釣渭猶得竪不世之勛名剡手執孔編應雲龍而出者乎噫嘻人重科甲非科甲重人也同志者其勗諸

武秩

邑人劉勅撰

拘儒抱咫尺之藝往往睥睨介冑及一旦搶攘韓甲代馬戈於國中彼不股栗以死則奉身遁耳文武吉甫萬邦爲憲者幾人故簪纓世冑與夫武科起家亦有桓桓足多者欲建鷹揚之烈若輩豈可輕諸

世冑

指揮使七員

指揮同知六員

指揮僉事十員

署指揮僉事五員

經歷一員

鎮撫一員

正千戶十員

副千戶十三員

百戶十六員

試百戶七員

所鎮撫七員

總旗二十二員

小旗五員

武科

進士

鄭維清　指揮會試第二名官至都司

谷中和　指揮官至守備

王　政　百戶官至守備

劉定邦　千戶官至遊擊

王敬贊　政之子百戶官至守備

李　揚　民生官至守備

許振威　民生官至叅將

扈　陛　民生官至守備

武舉

費　惠　指揮官至守備

費克謙　惠之子指揮官至遊擊

魏明邦　指揮官至遊擊

傅承恩　百戶官至遊擊

尹湯相　百戶

韓宜旗　指揮

馬壯　鎮撫

李騰蛟　百戶

杜朝御　千戶

周文煥

王世英　千戶

陶重器

張遇吉

王任賢

李守仁

于安民

吳安民　安邦之弟

殷悅賢

秦邦賢

朱廉

侯來朝

鄭明瑪

岳惟岱

蔣宣彥 指揮

馬 汢 鎮撫

李應效 百戶

杜朝用 千戶

周文緒

王世英 千戶

陶重器

張道吉

王任賢

李守仁

于安民

吳安民 安州之弟

段悅賢

秦邦賢

朱 廉

侯來朝

鄭明講

岳維佑

張元璐

陳所志

耿呈猷

程起鵬

張啓元

武將

衛　青　指揮官至總兵謚曰壯

朱　官　千戶官至總兵

吳安邦　指揮官至總兵

韓國禎　指揮官至叅將

王國光　指揮官至都司

李啓東　指揮官至都司

彭　翼　指揮官至都司

于　慶　指揮官至守備

毛爾成　指揮官至守備

法國勲　指揮官至都司

李　績　啓東之子指揮官至遊擊

觀應武　千戶官至遊擊

死難

鄧 瑜 指揮

辛鎮都 指揮

馬斯才 百戶

李季子 所鎮撫

馬虞禎 百戶

李騰蛟 百戶

欒贊忠 百戶

綦邦贊 武舉

朱 燕 武舉

軍額

守城軍餘五百七十五名

春班京操軍一千五十八名

秋班邊操軍一千六百五名

屯額

上中下三等屯地一千一百九十二頃九十九畝

四釐徵糧銀二千七百二十六兩七錢四分六釐

二毫四絲

軍器

造軍器局軍二十八名

王替盔一千六百五十三頂

明鐵甲一千六百五十三身

腰刀一千一百四十把

論曰國家養士原需一日之用今世冑有常祿軍士有屯田由武科起家者一登籍即優之黄蓋視縫士吏爲躐等則所以待之者不爲不渥矣一旦有急能爲國禦侮者寥寥所由紈袴之子皆以賄進中樞爲市官之塲英雄無出頭之日而欲收臣武之用也豈不難哉

兵防

邑人劉敕撰

兵以戢暴剪妖固圉者所必需也歷爲齊魯之會尤稱重鎭故一衛踞峙諸營星羅制至善矣奈寧謐日久法弛弊滋故魯甸妖氛遂取嶧山之敗海塵一起致成東牟之鬨所繫兵制未善耳今柄兵者自平東而歸簡其戎馬精其器械則歷下屹然虎城矣項流寇之所以南遁而不敢東者皆其力也不此之務而曰鄉兵未知究竟何如而又增民一番費矣

官丁

軍門標下鋒營中軍參將一員

軍門標下旗鼓守備一員

鋒營中軍官一員

總理步營遊擊一員

步營千總官一員

步營把總官一員

馬營千總官一員

馬營把總官一員

南營把總官一員
兵巡道家丁營中軍官一員
濟南衛城操營中軍官一員
城操營把總官二員
步營官兵共一千四百一十八員名
馬營官兵共一千三十二員名
南營官兵共七百七十九員名
旗鼓營官丁共四百六員名
兵巡道家丁營官丁　百八十六員名
城操營軍餘民壯共
以上六營通共官兵三千八百四十二員名
馬匹
步營馬三十九匹
馬營馬六百六十七匹
南營馬二十一匹
巡道家丁營馬九十二匹
城操營馬
以上六營共馬八百一十八匹

論曰干城之利不假人力不能剖苽𤬪篠簵之矢不駕轂機不能穿晉縞歷簪纓之胄與武科起家者若而人豈乏英武之才桓赳之士第用之不得其宜是縶騏驥之足而責千里也故功炳于竹帛而名艷于人間者鮮矣

國家欲備疆埸之用毋使薰蕕雜而魚目混焉可也

方産　　邑人劉勅撰

先王經理天下辨土地所宜教民樹藝以貿遷有無顧地道不能違其所宜移中州之蔓於江南化爲菘移東蒜於壺關化爲草疆域氣候區以别也歷不産珠玉而粟帛花木禽獸鱗介昆蟲藥石之類尚亦有之書云惟土物愛厥心臧有土者其寳此土物可也

布帛

人君衣被萬方則布帛之需於民也久矣獨是一

縧一縷皆由指上寒夜之績紡甚苦卒之不得施寸縷於身此宇内多號寒之氓也歷多桑麻人知耕織獨乏人工之巧不能爲江南之紋縠而民艱可念惟願布縷之征稍寛也

布

平機　綿線所織士民皆衣此劉子詩清砧催却金刀動寒夜頻聞軋車聲此布大適於用

潤布　亦綿爲之粗而長此解京者劉子詩邊徼閭里竭民力散作邊關禦士寒粗而不可衣

小布　亦綿爲之粗而短多爲邊塞所市劉子詩
但憑機上穿梭手換得邊庭市貢錢胖襖亦用
此

帛

黄絹　田婦皆知蚕桑劉子詩桑間採盡千條葉
機上抽成萬縷絲練熟可製爲衣

綿紬　亦蚕絲所出劉子詩織殘州婦機頭月裁
作高年架上衣較絹密而貴

屯絹　歷近有織此者劉子詩杼機不作西蜀錦
朴素堪爲下吏袍甲官下吏皆用之

蔬品

自土羨之不可用非蔬無以助肉俎歷之蔬多矣
各隨其地之所宜而因時以熟今不然矣詩云六
月中旬已進瓜今則熟於初夏人日盤堆菜甲香
今則生於隆冬大都貴人窮口腹之欲而場師曲
以供之王信民有言人能咬得菜根則百事可爲
安得有知味者出而與之咀太羨也

芹　有兩種白芹食根赤芹食葉劉子詩朱門

肉食無風味碧澗莪芹有異香故野人思以獻

上

蕨　此野蔬也初生如黃犢之角劉子詩調羹雅稱歸珎碗爲粉何妨薦綺筵昔夷齊歌云登彼西山兮採其薇矣正此蕨

白菜　此人所常食劉子詩九秋淡味迎霜美三月黃花帶雨香古人云菜根滋味長上界仙厨恐無此味

葵　粒紅香軟葉綠滑肥前人詩山中習靜看朝槿客至烹茶折露葵大有清趣

芋　一名土芝東坡詩持來南海金虀膾輕比東坡玉糝羹多種凶年可以度饑

韭　人所常食劉子詩味辛能下胞中血性煖堪除腹內寒消穀去痰於人大有裨益

葱　性溫而味辛大有益於人劉子詩解人熱病功能大入鼎調羹喙更香獨忌與蜜同食

芥　味辛氣溫能利九竅劉子詩氣溫可治胸中冷味辣能消膜外痰紫芥作虀佳白芥尤辛

美可入藥

蘿蔔　有數種紅白者其味辛劉子詩去風下氣兼消穀止嗽溫中並利痰黃者名葫蘿蔔味甘可食

胡荽　即俗所謂芫荽劉子詩酒煮可催痳疹出潤調能使肉毒消入羹更佳

蒜　味辛溫劉子詩化毒灸瘡能有効補脾開胃豈無功但多食傷肝傷目

菠菜　一名赤根菜劉子詩能利五臟通腸胃性

亦微寒解酒毒多食令人脚軟不能行

山藥　產山中者最佳劉子詩補中益氣能生肌鎮魄安神且治勞乾者更爲有益

藕　此蓮花根也劉子詩青節沾泥渾不染碧筒注酒倍生香故佳人雪藕絲亦稱快事

王瓜　有青白二種劉子詩種時最喜三春雨熟後猶稱六月鮮又有稍瓜東瓜皆可充口實

茄　夏月人所常食者劉子詩煮來茄子甚充腹燒得根灰可醫瘡又有一種水茄皮白而津

多

眉豆　有赤白二種劉子詩半弓小脚天生就兩道蛾眉誰畫成白者入藥可以解暑

絲瓜　性冷能解毒劉子詩夏到秧成纔上架秋來瓤熟却成絲作羮亦妙

粟品

明王不寳金玉而貴五穀五穀者種之美者也歷以南多山利黍穀歷以北多水利秫稻北人以粟米爲主粟收遂稱大稔獨是旱潦頻仍豊歉旣爲難必催科孔亟骨髓半爲敲殘先王使菽粟如水火安得生省刑薄歛之世而得盡力南畝哉

穀　歷之樹穀歲豊青秀連野丘濬詩九穗連莖鍾瑞氣三苗合頴兆豊年穰穰載車乃稱大有

稻　歷有二種粫稻糯稻粫可炊飯糯可釀酒劉子詩和露滴來雲淺碧帶香炊出玉輕黄此但供貴人口吻耳

黍　歷之釀酒率用此米劉子詩糟牀滴作三秋雨開甕飄爲五里香故俗名爲酒米

麥　歷有大麥小麥大可作餅小可作餌麵潛菴詩浪色遥連銀漢綠雲容遍覆玉田黄農家云一麥勝三秋

豆　歷有五色菉豆爲上劉子詩可從地碓春爲粥莫使山頭自落萁黑者猶爲牛馬所需

芝蔴　子可爲油味最香劉子詩銀鈴亂綴秋風裏瓊液香飄沸鼎中此五穀中之最貴者

蕎麥　可作麵食入夏始種劉子詩銀花滿地開秋雨翠葉連坡怕蚤霜此亦佐二麥之歉

花品

人之錦心煥爲文章地之精華貫爲草木花神韻士相待而生也語云寧可食無肉不可居無竹歐陽公詩云深紅淺白宜相間先後仍須次第開我欲四時携酒去莫教一日不花開故淵明先生三徑菊賢於五斗粟也

牡丹花　此花種類甚多皮日休詩競誇天下無雙艷占盡人間第一香故曰花中王

芍藥花　亦有数種楊月軒詩芳容浥露嬌如雨

雅態欺風醉欲眠大者可敵牡丹而插瓶尤便

海棠花　有三種東坡詩穠艷正宜新着雨嬌嬈全在未開時花譜云海棠花中神仙

梅　花　歷多蠟梅紅白二種則自南方京師來者黃山谷詩雖無桃李顏風味極不淺此花之魁也

桃　花　歷有數種獨絳桃碧桃最佳林紹周詩綉口笑殘金谷日錦心開遍武陵春春花莫艷於此

杏　花　歷下處處有之劉子詩羞逢柳眼三眠白分得桃腮一笑紅墻外一枝遊人爭艷此得春色之最蚤者

梨　花　歷下所有舒芬詩一枝帶月氷魂冷幾樹含香雪色新此花中之大雅也

李　花　歷多有之劉子詩枝頭細細輕團玉花蕚紛紛亂綴珠與桃柳相間大助春色

楊　花　春盡夏初柳毬飛舞劉子詩飄揚簾外輕無力宛轉庭前勝有情隨風上下飄若晴雪

亦大可觀

桂　花　此花自江南來瞿存齋詩量空金粟知難買擊碎珊瑚惜未收清香襲人故呼爲仙友

槐　花　此尋常木花也顧潜菴詩高低密映公庭靜零落能催舉子忙故名催科花

石榴花　歷有紅粉黄白四種紅者多王肇基詩黄鶯入處金應煉白鳥棲時雪未消此物之有華有實者

荷　花　明湖十里皆是也丘濬詩嬌嬈麗質如

西子綽約芳姿似六郎香中通外故名爲君子

葵　花　有五色劉子詩逢人便有傾心意爲國誰知向日情此乃花之忠臣

薔薇花　此花有數種歷獨有其黄者劉子詩金英宜在紅稀後碧蔓偏紆綠暗時春盡夏初此花亦大堪賞

菊　花　歷有百種可點秋容劉子詩三徑冷香迷淡月半籬清艷妒繁霜此花之隱君子

丁香花　有異香劉子詩晴日亂開紫玉屑好風

輕送瑞雲香練子花稍類而香不及此

紫薇花　一名紫緩花周時望詩日映宮墀明雅豔風傳肯披散清香此花之最貴者

茉莉花　此花自閩中來劉子詩露凝玉屑欝秋色月照瓊枝送晚香惜北方寒甚難蓄

芙蓉花　歷下不多有徐時用詩繁華不占春光蚤冷落寧甘晚景遲含風帶露足以妝點秋色

瑞香花　此亦南中來蘇子詩幽香結淡紫色淺意獨深煖房中蓄之冬月可開

玉簪花　性宜陰歷所多有劉子詩白帝如簪蒼玉屑素娥宜插綠雲鬟山谷云東南第一花

梔子花　此亦南中來劉子詩清風散作奇香味白玉琢成大雅花此夏月花中之絕勝者

藤　花　花可觀可食劉子詩常盤老樹蒼龍勢亂綴枝頭掛紫纓藤蘿交加大有烟霞色

迎春花　此花開在百花之先劉子詩凍枝欲傍寒梅放金屑能同銀樹開此亦可稱花魁

雞冠花　有紅白二種劉子詩雙垂月下常凝

獨立窓前不解鳴宋公甚愛之

鳳仙花　俗名指甲桃劉子詩顔色夜上佳人手花蕚朝簪淑女頭其子堪入藥

水紅花　有紅白二色劉子詩風前帶雨花偏重秋後經霜色愈紅其子堪入藥

金錢花　俗名夜落金錢羅一峯詩色濃能買三秋景價重難供萬戸貧魚洪謂得花勝得錢

石竹花　有数種皆叢生王荆公詩移王亂插青節瘦刻繒輕點綠華圓一種剪絨者更佳

木品

木之需於人也大矣無論棟樑之材可以支明堂而竹頭木屑亦無不適於用古人詩種樹種松栢結交交君子松栢耐歲寒君子有終始况梅之孤芳竹之勁節亦皆木中之君子故王者斧斤以時獨惜後世人多用繁斧斤也而繼以牛羊無怪牛山之日濯濯矣

松　歷有三種而青皮者子最香陳王道詩髮絲蓊鬱籠雲霧皮玊嶙峋傲雪霜木中有君子

之操者故秦皇封爲大夫

栢

宫觀陵墓多植此夏桂詩廟廊未尋梁棟

器山林空老虎龍姿萊公植於巴東後人懷之

以爲甘棠

椿

椿與樗相似樗葉香而臭椿葉稀而香劉

子詩遐齡豈特踰千載不老何知有四時故名

曰靈椿

槐

花黄而子可愈風劉子詩煌煌星映三台

貴冉冉雲生九夏凉王晉公手植三槐後子孫

隨位三公

楡

其木最良可以製器青錢亦可食劉子詩

陶鎔盡出春工巧磨洗多因曉露滋春暮與落

花爭飛亦大助遊興

柳

柳有三種而金線者最佳杜詩輕輕絲釣

清溪日淡淡金描紫陌春淵明植於門前名爲

五柳先生

桑

葉能養蠶而椹殊益人顧潛菴詩兒歡紫

椹垂垂黑婦喜桑條續續青故農夫樹墻下以

桑以供紡績

梧桐　梧桐有二而青皮者最秀舒芬詩黄飄金井催秋色翠覆銀床落午陰鳳非梧桐不棲取其清也

棠棣　花弄春風翩翩可愛劉子詩花開能動佳人興陰在常典召伯思故語云歷歷種甘棠留遺愛也

竹　湖上有數千竿其大可把周愛蓮詩鏗鏘玉戛因風度瑣碎金篩篩月來虚心貞節故名爲君子

草品

草者地之毛也世無不毛之地而品彙區別故春草動謝池之春夢傷歌憐南浦之别情匪第於人事相關且歲欲豊甘草生歲欲凶苦草生草之甘苦可卜歲之豊凶蘇瑩有春金谷無主詎曰夭而爲草僅供人之踐踏已哉

芝　劉子居廬三生於墓張鳳翔詩靈根盤錯呈奇瑞寶葉蟬聯作孝徵故名瑞草

蘭　歷有數種惟自閩中來者爲貴劉子詩迎風香散芳　靜帶露花清白雪垂夜日猗猗楊楊幽各自芳

萱　一名忘憂草唐汝楫詩清香幾度浮金斝雅艷長時映彩裳婦人懷姙佩之亦可生男

苔　苔石之衣也雨後多生夏寅詩罕生富室豪門裏多在貧居陋巷中故高士云莫教車馬破蒼苔

蒲　蒲生湖中者可食九節菖蒲乃自南中來顧潛菴詩曲曲根盤龍骨瘦纖纖葉簇虎鬚長以石器養之方茂

芭蕉　葉大可題莖亦可爲絲紵劉子詩滴滴夜雨碁聲碎寂寂秋風扇影閑茅亭怪石下最不可無

萍　楊花入水化爲萍劉子詩漂零逐水應無定聚散隨風不自由陸龜蒙云最無根蒂是浮名故仕宦常比萍蹤

薜蘿　枝柔葉密附壁而生劉子詩老來勁骨同

松栢坐久禪心化薜蘿四壁交加大有烟霞之趣

果品

自古貴人食肉稱高人食果品果品因地而生枝圓貴於江北梨棗貴於江南盖離鄉則貴耳大都南方之果雖甚甘美譬之金玉饑不可食不若産於北方者止渴療饑靡不需之至氷桃雪藕則歷下爲尤佳故歷下果品之美甲於天下

梅　黄似杏而味不同楊月軒詩亂綴枝頭紅似彈肥垂葉底重如金青者味酸可以調羮故曰升廊廟

桃　仙果也三千年始結子劉子詩瑶池一結遲王母蓬島三偷陋小兒有一種冬桃伴氷霜更爲恣口

李　有数種皆甘美劉子詩摘來碧實連枝重嚼處瓊漿遶齒香故魏文帝暑月沉朱李於寒水

杏　有数種一名水杏黄如柑大如梨劉子詩

梁苑止容仙客賞曲江獨許貴人遊孔子[illegible]坐

杏壇傳經

梨　消渴而降痰隹果也劉子詩玉實滿盤堆積雪瓊漿遠齒逆流泉故宋張敷對文宗曰梨乃百果之宗

榴　有數種皆千房十子劉子詩滿垂紅玉初開日半露丹砂微笑時雅稱果中之隹品

林檎　一名來禽味甘來衆禽也劉子詩日烘圓脆紅生臉露壓甘香碧綴枝宋曹州刺史王謹獻果于高宗因名文林果

胡桃　殼剛內柔其仁甘美劉子詩珠玉鎖成千歲實氷霜吹落九秋風張騫使西羗還乃得此種

櫻桃　一名崖蜜其味甘劉子詩盤中宛轉明珠滑舌上逡巡絳雪消唐進士有櫻桃宴漢亦以此賜近臣

銀杏　樹高葉大實若枇杷劉子詩皮膚纖厚殊無味殼實雖微別有香歐陽公謝梅聖俞云

鄉雖百箇得之誠可珍故一名鴨腳

栗　皮如蝟刺而中有房其子甚甘杜詩錦里先生烏角巾園收芋栗未全貧故燕秦一千栗樹可敵千戶侯

棗　棗有二種少核者佳劉子詩曰顆顆乾紅玉嫩風枝牽動綠羅鮮此百果中之最甘而佳者

柿　有數種大者最美小者可爲餅劉子詩熟處遥懸千點火洪時忽變一番霜酉陽雜俎云

柿葉有七絕

西瓜　形大如斗漿可解酲劉子詩剖破水晶團枕冷觸殘明月半輪清故東陵侯爲布衣種瓜青門

葡萄　種出流沙宋日觀帶來者其詩輕將小粒遥相帶記得秋風月正初故名曰草龍珠

蓮子　蓮房中所生去其皮可食劉子詩刺分玉蛹堆盤脆嚼破氷光透齒香乾者大可補脾

藕　藕有七孔肉白味甘周坦詩體含春雨千

絲合天賦心胸七竅通朱璟謂天姿不染故名
為雪藕

菱　生水中葉浮水上肉熟甚甘脆劉子詩雨過亂簑堆野艇月明長笛和菱歌漢龔遂為渤海太守勸民多種菱芡

禽鳥

禽鳥羽族也人多弋之以快口吻不知其有人而不如者反哺者孝知止者靈隨陽者得氣之先報雨者知陰晴之數其視人靈蠢何如也况有韻鳥可以賡詩慧鳥可以解語則騷人與花鳥為侶倘亦有見於此哉世亦有人禽者不可不視鳥自媿乎

鶴　生於海州高士每每畜之劉子詩雙舞庭前花落處數聲湖畔月明時故楊魏公為吏獨與琴鶴相伴

鴈　鴻鴈有五德不謀稻糧李愍公詩影橫斜月天連塞夢遠黃蘆雪覆洲秋去春來故名隨陽鳥

燕

一名鳦以社日爲來去劉子詩春雨不妨新社約曉簾難隔故巢心禮記月令玄鳥歸

鶯

一名著庚一名黎黄李于鱗詩主人把酒聽黄鳥黄鳥一聲酒一杯初夏雨晴聲聲最爲可聽

雉

雉似山雞而小五色成章夏桂洲詩煌煌艷吐幡花綴采采光出織錦衣故士贄雉取其能守而不失節

鴿

有数種皆傍屋近人劉子詩凌晨飛去雲鈴響薄暮歸來雨趣輕張九齡以書繫足投其

友名曰飛奴

鳩

鳩有五種因其鳴可以卜陰晴劉子詩曉陰聒聒愁將雨晩霽翩翩喜爾晴故趙簡嘗放鳩示恩

鷗

数百爲群隨波上下劉子詩忘機水上隨波去有幸沙頭伴我眠故李云固隱太倉箴曰我忘機鷗不飛

鵲

鵲知太歲之所在結巢則背之劉子詩一

村寒雨安巢冷半朵山花啄嘴香但人聞查查

之聲則幸之

雀　小鳥也常依人劉子詩喧晴松枞風前晚寒啄梅稍雪後天大廈成而燕雀來賀白者爲瑞鳥

鷺鷥　水鳥中之潔白者杜牧詩驚飛低映碧山去一任梨花落晚風李白又謂雪點青山

鴛鴦　花毛紋羽似鴨而小崔珏詩暫分烟島猶回首同過寒潭亦共飛人得其一則一亦相思而死

鸚鵡　一名綠衣郎此自隴西來者管梅齋詩巧言終莫逃金索慧性偏教號綠衣又有黄冠而羽白者出楚中

翡翠　形小不盈握一種二色劉子詩靜處欲着留不得翠光點破夕陽歸郭璞謂賈害以采

鴝鵒　即俗云八哥也似鴉而黑斷舌可使言劉子詩晚來牛背亭亭立曉近漁磯款款飛蓄之可客至呼茶

鵶　此孝鳥能反哺李太白詩影拂黑衣飛遶塞光翻金背閃斜陽有一種大喙而黑者謂之鬼雀鳴則有凶

鴨　家鶩也雄者綠頭劉子詩花底翩翩曉浪堤頭鬱鬱映春波鴨有白者與青萍亦相點綴

鵞　長頸色白大於鴨劉子詩溪深出水雙毛絜遠路開籠王羽輕山溪道士好養鵞贈王羲之以易其字

鷄　羽族中有五德者劉子詩五更驚醒寒窓夢半夜啼殘逆旅情故名時夜之禽

走獸

獸不可同群自古言之矣然鹿豕伴大舜之遊犬馬識報主之義麒麟表瑞龍馬呈祥土牛以送寒白鹿以徵壽且牛渤馬溲羊韓狐裘無一不適於用歷雖不生虎豹犀象之類未始無豺狼狐鼠之窩安得有解一面之網者而置鳥獸於咸若也

駝　知水脉風將發卽引頸而鳴劉子詩百里脩

途堪致遠千斤重負却能勝歷雖不產亦有蓄之者

馬　龍種也騄駬驁騧不同瞿存齋詩花塢晝眠紅王映草場春臥翠煙嬌有逸足絕塵故燕築黃金臺市之

驢　似馬而耳長馳驅之畜也何潛齋詩據鞍吟透雙眉聳敲鐙歌狂四足遲浩然謂詩興在風雪驢背上

牛　牛司耕大有功於南畝費鵞湖詩尾燒破陣田單勇角扣鳴歌甯戚賢故牸生者非祀山川弗殺

羊　柔毛長髯洶奴多蓄之劉子詩莫教無事克庖宰留與兒孫駕小車至其跪乳亦知母情者

鹿　毛斑如畫角有七星符劉子詩靈囿伏時何濯濯家賓宴處更呦呦晉蓄白鹿於宜春苑甚愛之

狐　形似黃狗鼻尖尾大性多疑吳夔舍詩千歲變時成美女百更啼處學嬰兒禹娶塗山有九

尾白狐之應

兎　鬚長而口缺明月之精也劉子詩吸殘灝露瑶窓曉搗盡玄霜王杵閑故秦乆游作放兎行

犬　有三種細腰者獵長喙者守劉子詩受賜終身當報德知家千里可傳書

豕　長喙短毛黑面狠也劉子詩圈中但遣食人穢盤内偏能喜味苷有一種封豕性最貪婪

狼　似犬而大能食人劉子詩依山爲勢心偏狠伏草窺人性最凶歷多有之黄鍾梅中丞因其

害人曾磔之於市

猫　捕鼠之獸也其睛午刻竪旦暮圓劉子詩蹲足專窺墻内鼠磨牙却待樹頭蟬食有鱗臥有氊此獸中之最貴者

鼠　王衡星之所散也能食田苗劉子詩無妨大笑盤中粟最恨嚙殘架上書世有社鼠大爲人國之害

鱗介

蛟龍魚鼈盡水族也歷下皆清流原無水怪而城

隅一潭共傳神龍之宅縣陰二水要皆魚鱉之鄉故蟠龍多乘雲而起爲霖爲雨以澤潤生民至魚鱉亦不可勝用但数罟之禁王政所先司民牧者能敬禮龍潭可免投璧焚巫之役而汚池有禁鮮食者與有賴矣

龍　有九種而神龍其一劉子詩海内應多霖雨望蒼龍何事隱蟠泥故雲龍之會大人所利見焉

魚　種数甚多而鯉則龍種劉子詩寧使騰空嘗作雨莫教破浪任吞舟至金鯉二色三尾四尾者蓄之盆沼中亦令人有活潑之趣余嘗鑿一放生池得活鱗則蓄之不忍食

鱉　鱉無耳爲守神劉子詩尾曳泥中非雅步頸縮殼裏任盤跚南人多捕而食膏塗鉄即明

蟹　外多足而中無寸腸劉子詩只爲横行歸咼鑊却多風味供盤飧晋畢卓云左手把蟹螯右手把酒杯亦秋間樂事

蝦　此水族中小蟲也劉子詩何辜水底遭漁

有幸盤中佐酒人此爲酒人所需故漁網捕之常盈筐篚余見而捨之因爲放蝦行以勸世

昆蟲

蟲之爲類亦多矣親上親下各從其物類或躍或飛自任其天機亦有清濁象人之芳穢絲綸象人之文章者先儒云物吾與也則蠉飛蠕動孰非吾之同氣乎子羔起蟄不殺其亦識此意歟

蠶

天生此蟲以供貴人之衣錦者劉子詩吐絲不羡蜘蛛巧飼葉頻催織女忙故墻下樹桑爲王道首政

蟬

有五德曰文曰清曰廉曰儉曰信于肅慇公詩風來玉宇聲悲切露滴金莖韵轉清吸風飲露此物中之最清者

蛙

有數種皮有黑斑者名蝦蟆李寔詩幾度驚回吟草夢五更喚起宿花心故云兩部鼓吹獨有井底蛙可笑耳

蜂

有三種每一日兩衙羅隱詩採得百花成蜜後到頭辛苦爲誰甜此物大有君臣之義

蝶　有各色皆翩翩飛舞花間劉子詩遶圃芳
草娫無力低遶幽花似有情昔莊周夢化蝴蝶

蜻蜓　有各種夏月水濱甚多劉子詩薄翅無風
愁帶雨纖腰點水喜初晴故有款款飛舞之趣

蟋蟀　一名促織待秋而吟劉子詩秋風似伴床
頭語月夜如催機上聲雨夜淒淒最動悲秋之
思

蜘蛛　大腹身灰色於空中作網瞿存齋詩曉風
倒掛蜻蜓尾暮雨雙粘蛺蝶鬚故終南山人惡
其張網以害物命必以杖裂之

蠅　此營營逐臭之物也物皆受其點污劉子
詩衣服有時遭點染盃盤無處不追隨尋頭撲
面却與小人之嗜利者相似

蟻　能識君臣行亦次第劉子詩長知雨至先
封穴任使岸堅可潰堤昔宋郊以竹橋渡之後
中魁選

蚊　長喙細腰最能咬人劉子詩幾度扇揮揮
不去令人無寐欲通宵俗云聚蚊成雷近水尤多

更多

燈蛾　繚繞燈前死而後已劉子詩自是附炎終有害悔將雙翅撲蘭膏焚身一不顧此可爲世之嗜名利喻

蚯蚓　此屈蠖也特名謂之小龍劉子詩屈伸亦有蟠龍意歆食能分廉士名仲子如蚓而可則亦田間一廉物

螳螂　糞土中所生劉子詩怒臂難當人世轍利刀能捕樹頭蟬雖有操刃之手不免爲群雀所

食

螢　此燐火也腐草所化劉子詩飛空高遊宮娥扇映讀常歸寒士囊明湖蘆葦間常多

藥石

人生受六氣之侵則災眚作然欲頤養天和以登壽域則藥物是需雖虛實補瀉人之病症不同緩急標本治之方術不一總不出寒熱溫凉之藥也藥隨地而有而產於歷者秖一二草屬耳世有盧扁則一味可以療人藥籠中何必其多蓄哉

黃精　南山中所生也劉子詩味甘最能安臟
腑性温可以補勞傷九蒸九晒用之乃佳

陽起石　藥山所出劉子詩採來洞裏乾坤髓煉
作人生壽命元有銀絲者佳取時勿令見風

黃芩　南山所生劉子詩枯飄能治上焦火條
實堪消下部痰此去火之聖藥

連翹　南山出劉子詩性寒能逐濕熱去味苦
堪通血氣凝此乃外感所亟需者

荊芥　南山出劉子詩味冷能清諸樣火性辛
堪治百般瘡表汗袪風此藥爲要

防風　南山出劉子詩能教骨節常無痛可使
風寒永不侵袪寒袪風此爲聖藥

茵陳　隨地有之劉子詩瀉濕利水常多效退
疸除黃最有功三月茵陳四月蒿則此物也

金銀花　一名金銀藤其花黃而香劉子詩消毒
潰腫功無對散熱療癰效甚速此花植之園頭
亦可賞鑒

山查　南山中有紅黃二種劉子詩療疝兼能

消肉食健脾亦可治膨胸大而紅者爲糖毬出
青州

蘇　子　味辛主發散劉子詩止嗽降痰兼定喘
清心潤肺亦攻寒園頭處處有之

酸棗仁　味酸最能歛汗祛煩劉子詩人若不眠
當用炒若使多眠還用生人能收之不可勝用

木　瓜　其形若香櫞而稍長香亦同之劉子詩
結來入藥能除濕閒日當軒亦可觀此健下步
之聖藥

柴　胡　出之南山其味苦劉子詩肝火藉此能
消却寒熱服之不往來瘧疾宜用

薄　荷　藝圃者多種劉子詩味辛可清頭目火
性散能消遍體風收其氣加以豆粉白糖作餅
甚佳

牽　牛　有黑白二種劉子詩黑者屬水除壅速
白者屬金散滯遲其花亦有可觀

桔　梗　生於山中味載諸藥以上升劉子詩咽
喉腫痛療能効利壅開胸大有功治上部之妙

藥也

菊花　有百種而黄白者更佳劉子詩入藥極能清頭目釀酒亦可助馨香且其花足點秋容故淵明先生有三徑之樂

論曰古之君觀其地之所產知其土之美惡而栽成輔相之道施焉故山不槎蘖澤不伐夭教民以稽足之術今乃往往羅其所產以潤苞苴民不堪命矣語云三代而上產利於方三代而下方畜於產信夫

災祥考

邑人劉勑撰

凡物皆生於天地天地之氣和則祥生不和則異生焉蓋祥不常有大半出于諸臣媚士之口異則耳目所不習見之事疊疊見之故曰異雖然昔洪水不能貶堯旱不能損商蓋人君者德自轉妖爲祥耳不然横徵暴歛不啻地震山崩招權納賄甚於人妖物怪則災祥又不在天而在人矣

漢

高帝三年十一月癸卯晦日食在危三度

文帝七年十一月戊戌土水二星合於危

元帝初元四年濟南東平陵王伯之祖墓門梓柱卒生枝葉上出屋

後漢

光武建武二年正月甲子朔日食在危八度

元初三年春正月丁丑東平陵樹連理三月東平陵有瓜異處共生八瓜同蔕

延光三年二月戊子五色大鳥集濟南臺九月辛亥濟南歷城黄龍見

三國

帝禪炎興元年十一月司馬小君聚衆反於平陵

齊州刺史討擒之

晉

太康二年二月隕霜於濟南傷麥五月濟南雨雹

傷禾稼

三年閏八月己丑白龍二見歷城

惠帝元康四年四月慧見齊分

成帝咸康八年趙石虎建武八年濟南平陵城北

石虎自移於城東

南北朝

宋文帝元嘉十三年七月濟南朝陽王道獲白兎

以獻

二十七年六月白雀見歷城郡薛榮以獻

孝武帝孝建五年白雀二見歷城劉道隆以獻

孝文帝承明元年八月齊州獻嘉禾

宣武帝景明元年九月齊州民柳世明聚衆寇齊

兖二州討平之

二年三月齊州隕霜殺桑七月齊州獻嘉禾

正始二年三月齊州大雹雨雪四月齊州隕霜六
月齊州獻嘉禾

三年三月齊州獻白雉

延昌二年五月齊州獻白鹿九月甘露降齊州

孝明帝熙平元年六月齊州虸蚄生

正光元年濟南郡木連理

東魏孝靜帝元年夏山東大水蝦蟇鳴於樹上

北齊宣帝天保九年夏四月龍見齊州後堂

齊後主武平四年山東饑

六年八月山東大水

唐

高宗上元二年八月齊州大水

永隆元年九月濟南大水溺死者甚衆

文宗開成元年二月有彗星在危長尺餘西指南
斗

宣宗大中五年夏齊郡蝗螟害稼

宋

太祖建隆元年齊州大旱生魃大饑

三年八月齊州河决

乾德元年齊州饑

開寶二年齊州大水

七年齊州野蠶成繭

端拱元年齊州民徐美妻一產三男

淳化二年填星與熒惑合于危

神宗元豐六年五月歷城縣禾二本合穗

哲宗紹聖三年齊州禾異畝同頴合秀九穗

孝宗隆興元年十二月壬午夜白氣見西南方出

危入昴

金

章宗明昌二年秋山東東路旱大饑

衛紹王大安二年四月山東東路大旱六月淫雨

大饑斗米至千餘錢

元

世宗中統三年九月濟南郡大饑

至元元年濟南郡大水

六年正月濟南進芝二本

十五年夏四月歷城獲白雉以獻

二十二年秋濟南路大水

二十六年濟南隕霜殺菽

二十九年六月濟南蝗

成宗元貞元年六月歷城縣大清河溢

大德五年六月濟南大水十月濟南霖雨害稼

十年冬十二月山東饑遣尚書武昂賑之

武宗至大元年濟南大饑四月濟南大風雨雹

二年四月濟南蝗

英宗至治三年五月濟南霖雨害稼

泰定帝泰定元年六月濟南蝗八月濟南霖雨害稼

二年六月歷城蝗

三年夏四月濟南路饑免郡縣租稅

順帝至正二年五月濟南山崩水湧六月癸丑夜濟南大水

六年春二月濟南大饑山東地震七日乃止

七年三月山東地震有聲如雷
十九年濟南蝻生
二十三年濟南大旱六月庚戌星隕于濟南龍山
入地五尺
二十六年八月濟南大清河决居民漂溺殆盡
國朝
景泰元年濟南饑
天順元年濟南大水饑人相食
成化九年三月四月濟南等縣晝晦

十年濟南大稔斗米七錢
弘治五年濟南大饑
七年濟南大稔
正德六年流賊劉六劉七等攻掠山東郡縣都督劉暉
等捕斬之
七年濟南州縣民言黑眚見至冬乃息
嘉靖八年濟南蝗秋大水
十年濟南蝗
萬曆十年大饑

十六年濟南大疫秋大水

二十二年濟南大水

三十五年夏一男子肋下生一頭五官俱備此非

歷下所生而見於歷

三十六年濟南大水舜廟香泉發

三十八年王春元家牛產一麟龍頭麕身牛蹄產

時火起未幾殁而火亦熄夏六月雷震莊民韓

三於城東

三十九年陽春館龍嘶於庭須臾龍起于星角榆

樹

四十年夏雷震一賈人於四牌坊

四十一年大稔斗麥三十錢

四十三年夏六月大旱東城樓獸噴烟三月不雨

歲大饑父子相食 上遣御史過庭訓賑之

四十四年春夏饑旱蝗

四十五年大稔

四十六年冬十月孛星見日虹貫於北斗

天啓元年秋大水

二年正月初十日未時太陽暈蹭生三珥傍有白氣一道日暈於玄枵之次二月初七日夜地震如雷房搖地動犬吠人驚夏四月地震五月蓮賊反巡撫趙彥率師至十月平之秋地震

四年正月初一初二初三日暈環抱三珥有白氣一道赤氣一道相射一珥抱日一珥如反弓之形巡撫王惟儉題夏六月朔大雨雹打死一婦人打死禽鳥無數

秋七月邑人劉勑上忠孝經註解家產靈芝五

本人以爲忠孝所致

六年夏雷震北門樓

七年正月初八日莒州民王九常家牛產一麟碧皮朱唇鱗甲分明產時有光解于歷下巡撫李精白獻瑞徵夏大水山中漂溺甚多大清河溢

崇禎三年三月初九日大風晝晦

四年春二月朔卯時日出如血至巳刻乃有光夏日生珥冬十二月孔有德反勒兵至縣東北界居民驚惶

五年春三月十二日大風黑氣夏秋軍馬雲集居民逃匿十二月二十一日大火焚孱祠延千餘家獨正覺華林二寺大殿無恙

七年初一夜先雨後雪有雷聲人甚異之是年雨暘時若蔬粟俱熟可稱大有入秋飛蝗忽生各邑皆受其災歷獨無之說者謂有賈公爲縣故蝗不入境云

論曰余觀洪範休咎之應則知和氣致祥乖氣致異皆人主之感召也故朝廷有美政則助月有景星之祥王者不私人則非烟慶雲之色君心與帝座相通不啻形影之捷也庶徵云王者惟歲卿士惟月今異不絕書勿托天心仁愛而泄泄視之也

士惟乃心與天不絕書有存天心仁愛而[illegible][illegible][illegible]之
也

論曰今觀洪範休咎之應則分和氣致祥乖氣致異皆人主之感召也故祈天永命則[illegible][illegible]有其星之祥王者不[illegible]人則非[illegible][illegible][illegible][illegible]之何君心與帝座相通不待形影之接也惠徵示王者有[illegible][illegible]